DE LA LIBERTÉ DE LA PRESSE

ET

DE LA LIBERTÉ INDIVIDUELLE,

Par M. du BOISAYMÉ.

Quelle que soit la sollicitude d'un roi pour le bonheur de ses peuples, il y aura toujours une classe nombreuse de gens qui le blâmeront, les uns pour le seul plaisir de blâmer, les autres avec l'intention louable de présenter quelque chose de mieux que l'acte qu'ils critiquent.

Si le gouvernement fait surveiller et réprimander ceux qui parlent hautement sur ces sortes de matières, s'il leur défend de faire imprimer leur plaintes injustes, qu'arrivera-t-il? On ne parlera que devant des gens peu attachés au gouvernement; on les attirera facilement dans le parti des mécontens; et, si l'on trouve un homme d'une opinion contraire, on se taira, pour ne point se compromettre, tandis qu'une discussion franche aurait pu amener à penser comme lui.

Les opinions politiques, comme les opinions religieuses, prennent le caractère du fanatisme, quand elles sont comprimées ; il arrive un moment où elles éclatent, et l'explosion est terrible.

Lorsque tout le monde, au contraire, peut, avec la certitude de ne pas déplaire au gouvernement, émettre librement sa pensée, on s'exprime avec moins de passion ; il n'y a de têtes exaltées, de fanatiques, de gens prêts à être martyrs de leur cause, que là où se trouve l'intolérance.

La liberté de la presse est, par cette raison, la plus grande sauve-garde du gouvernement ; mais il faut qu'elle soit réelle.

Nous avions, sous le dernier gouvernement, une commission de la liberté de la presse, une commission de la liberté individuelle, et l'on n'imprimait rien sans la censure de la police, et nos prisons étaient remplies de gens arrêtés arbitrairement. Jamais insulta-t-on à une nation avec plus d'effronterie !

Espérons que la liberté de la presse, qui

en ce moment attire l'attention de tous nos hommes d'état, de tous nos gens de lettres ; et, en un mot, de toutes les classes estimables de la société, nous sera enfin accordée : il y a vingt-cinq ans qu'on nous la promet chaque jour ; on dit même que nous en avons long-tems abusé ; est-ce sous le despotisme de Roberspierre, sous la tyrannie de Buona-parte, ou aux tems où le directoire mettait à l'encan les places et la fortune publique? Non. Comptez donc les jours où nous en avons joui. L'ordonnance présentée à la chambre des députés par les ministres du roi, le 5 de ce mois, nous fait espérer que nous allons atteindre à ce but désiré ; ce n'est pas que nous pensions qu'il n'y ait aucun changement à y faire, mais parce que les débats qu'elle occasionnera éclaireront le gouvernement sur ses véritables intérêts.

N'oublions jamais ce que nous devons de reconnaissance à celui qui nous a rétablis dans ce droit, le plus beau de tous, celui de discuter nos lois. Heureuse la nation qui jouit de cette prérogative ! on peut l'égarer un instant, mais la vérité lui apparaît bientôt. Les partis opposés, en soutenant des opinions extrêmes, éclairent le monarque et le peuple, qu'un intérêt bien entendu doit toujours réunir. L'un serait trompé par la plupart des gens auxquels il a délégué une portion de son pouvoir ; car, pour le plus grand nombre, point de contentement dans l'exer-cice de leur autorité, si un peu d'arbitraire ne s'y joint : à les entendre, l'intérêt du trône est le seul motif qui les dirige, mais c'est leur intérêt particulier qu'ils veulent dire : il faut connaître leur langue et traduire leurs discours (1). Quant au peuple, il a ses flatteurs comme les rois ; les uns, tribuns hypocrites, défendent le peuple pour se faire craindre du gouvernement et se faire acheter par des places, de l'argent ou des honneurs ; les autres veulent rompre tous les liens utiles de la société, pour se débarrasser des leurs et enchaîner le peuple à leur guise : arrachez le masque de républicanisme dont ils se

---

(1) Que l'on remarque quelles sont les personnes qui dans la société se récrient le plus contre la liberté de la presse ; on verra que la plupart ont rempli des fonctions publiques, ou en remplissent encore, et qu'un amour-propre mal entendu leur fait craindre que l'on ne critique quelques actes de leur administration.

couvrent , et vous apercevrez dessous les traits hideux du despotisme.

Entre ces hommes qui désirent le pouvoir pour en abuser, et ceux qui le possèdent et en abusent, une lutte ne peut manquer de s'élever, et il est avantageux au roi, comme à la nation, que la discussion entre les partis extrêmes soit libre, entièrement libre. De l'inimitié des méchans naîtra la sécurité des bons citoyens, et ceux-ci, nombreux dans les conseils, nombreux dans l'état, profite-ront de cet ordre de choses pour combattre avec plus d'avantages les égoïstes de tous les partis.

Mais cette discussion libre, entièrement libre, peut-elle avoir lieu sans la liberté illi-mitée de la presse? Quoi! il me faudra faire un énorme volume in-8°. de 480 pages pour dire librement ma pensée, encore ne pour-ra-t-on l'imprimer sans une déclaration préalable ; et si, malgré toutes ces forma-lités, mon ouvrage est arrêté, je ne pourrai m'en plaindre au public que dans une bro-chure de 480 pages !

Que tout le monde soit obligé de signer son ouvrage , et jusqu'aux phrases que l'on fait imprimer dans les journaux; qu'une loi sévère punisse celui qui, ayant avancé un fait, ne pourra le prouver juridiquement devant les tribunaux, et tous les abus de la presse cesseront. Il faut que le gouvernement soit assez fort pour punir le crime; le prévenir serait fort beau, sans doute, mais c'est ouvrir un trop vaste champ aux mesures arbitraires, et ce n'est souvent là, s'il faut le dire, que la ressource de gouvernemens faibles qui ne se sentent point le courage d'agir ouvertement.

Mais, dira-t-on, il est des accusations dont l'offensé, par délicatesse, n'osera point se plaindre devant les tribunaux. Eh bien! le procureur du roi instruira d'office.

Et pourquoi, après les débats, notre législation refuserait-elle à l'offensé le droit d'appeler en combat singulier l'auteur du libelle dont il a à se plaindre ? Avant de se récrier contre cette proposition, que l'on songe s'il n'est pas quelques cas où les tribunaux ne pourront pas condamner le libelliste coupable : faudra-t-il donc pour cela le laisser impuni ? Et si, ce qui arrivera souvent, cet homme est un lâche qui se refusera à toute affaire d'honneur avec son adversaire, qu'en résultera-t-il? L'offensé sera forcé de se faire justice lui-même, et bien qu'il ait raison en droit naturel, les tribunaux l'en puniront. N'est-il pas plus sage de régler la vengeance, que de la laisser agir à son gré, ou de la punir quoique juste? La loi réglerait la manière dont l'offensé proposerait le combat; car lui seul aurait ce droit, et il ne pourrait en faire usage qu'après le jugement qui mettrait les parties hors de cour sans prononcer aucune peine. Cela ne vaudrait-il pas mieux que de tolérer tous ces duels qui ont lieu chaque jour pour des agressions légères? Et lorsqu'on force les hommes à s'égorger par milliers dans des guerres d'ambition, de politique, de caprice, et plus souvent encore par cette seule raison que le prince aime les batailles, comme un autre aime la chasse ou le jeu, a-t-on bonne grâce d'appeler le duel judiciaire une coutume barbare? Que l'on y songe bien, les méchans sont peut-être les seuls intéressés à parler ainsi.

Quant aux journaux, tant qu'ils ne seront point libres, ce qu'ils contiendront portera

un caractère officiel dangereux pour le gouvernement. Un journaliste dira que la croix
de la légion sera probablement à l'avenir
un ordre civil, et tous les militaires qui l'ont
acquise au prix de leur sang, croiront que
telle est en effet l'intention du souverain.
Un autre prononcera le nom de *détenteur*
au lieu de celui de propriétaire ou d'acqué-
reur de biens nationaux ; il jetera la mé-
fiance parmi cette classe nombreuse de pro-
priétaires, et il fera baisser la valeur des
domaines que le gouvernement possède et
qu'un jour il peut désirer de vendre. Que les
journaux ne soient plus censurés, et le dan-
ger cessera ; ce n'est plus la pensée du gouvernement que l'on y lira, mais celle de
simples particuliers dont les bévues, verte-
ment relevées dans les journaux du lende-
main, cesseront d'être dangereuses.

Pourquoi les nombreux gouvernemens
qui se sont succédés en France depuis vingt-
cinq ans, n'ont-ils presque jamais éprouvé
d'opposition dans les provinces lorsque Paris
les avait reconnus ? C'est que l'on ne jouissait point de la liberté de la presse, et que
la plupart des chefs des départemens, tou-

jours avides de conserver leur place sous quelque gouvernement que ce soit, s'opposaient à ce que des écrits répandus dans le peuple ne le déterminassent à rester fidèle au gouvernement que Paris avait renversé. Les hommes sont-ils changés ? Nous est-il défendu de craindre pour un roi que nous aimons, quand l'expérience du passé nous apprend qu'une poignée de factieux s'est presque toujours appelée la nation ?

Que chaque article de journaux, nous le répétons, soit signé ; que le gouvernement poursuive devant les tribunaux l'auteur de tout écrit qui tend à troubler l'ordre ; qu'il oblige juridiquement celui qui a avancé un fait contre un citoyen, à en fournir la preuve matérielle, et les auteurs des moindres articles de journaux écriront avec sagesse.

Quelques personnes se récrieront peut-être contre cette obligation de signer les moindres écrits, elles croient que le nom de l'imprimeur suffit. Oui, ce nom suffit, si je veux entreprendre une poursuite judiciaire ; mais si vous m'attaquez avec les armes du ridicule, aurais-je bonne grâce de m'en venger en persifflant votre imprimeur. Quand on parle dans la société, c'est à visage à découvert ; quand on écrit une lettre, on la signe ; quand on publie sa pensée devant une nation, on doit se nommer. Quoi ! nous aurions de la répugnance à écrire une lettre anonyme, nous en méprisons presque toujours les auteurs, quelle que bonne qu'ait été leur intention, et nous ne voudrions pas signer ce que nous faisons imprimer ! C'est surtout dans un écrit dirigé contre quelqu'un, qu'il faut se nommer : agir différemment serait lâcheté. Il ne faut point, à l'abri d'un mur, décocher furtivement sa flèche ; il faut s'élancer dans l'arène et présenter la poitrine à son ennemi.

Si quelques gens modestes se refusaient à publier leurs écrits parce qu'ils devraient les signer, on y perdrait sans doute ; mais entre plusieurs maux, il faut choisir le moindre, et celui-ci ne serait peut-être pas aussi grand qu'on le pense. La modestie n'est souvent qu'un amour-propre déguisé ; on ne met point son nom à un ouvrage, mais on est bien aise que tout le monde sache quel en est l'auteur. Soyez bien tranquille, peu de bons ouvrages resteront dans l'oubli, faute d'un nom qui les avoue.

Toutes ces réflexions sont peut-être un peu tardives, mais je n'ai point la prétention de croire que publiées plutôt, elles aient pu être utiles ; tant d'autres personnes ont approfondi la question importante de la liberté de la presse, que je n'ai eu en vue en prenant ce matin la plume, que de me satisfaire personnellement ; je croyais rester spectateur dans cette grande discussion, et voilà que, sans m'en douter, je me suis levé et que j'ai émis mon vote.

Une autre question qui se lie à celle-ci, est celle de la liberté individuelle ; son plus sûr garant est dans la liberté illimitée de la presse. Si celle-ci reçoit quelques entraves, que fera-t-on pour nous garantir la première ?

Qui nous dira les noms des gens arrêtés injustement, et détenus dans les prisons à l'insu de notre roi ? Est-ce le ministre qui se sera rendu coupable de cet abus d'autorité, ou les agens subalternes qui auront exécuté ses ordres, et partagé sa faute ?

Nommera-t-on une commission comme celle qui existait sous le dernier gouvernement ? Mais une malheureuse expérience nous a appris que des gens qui partagent le pouvoir, ou qui attendent des places, des faveurs, sont toujours faibles quand le coupable est puissant.

Il faudrait trouver des hommes impartiaux, libres, indépendans, et pour cela d'un caractère qui les mît au-dessus de toute crainte. Il faudrait les charger d'inspecter les prisons, d'en publier, chaque année ou même chaque mois, par la voie de l'impression, un compte détaillé, et les autoriser à en entretenir, toutes les fois qu'ils le voudraient, la chambre des pairs, celle des députés et le conseil d'état. Il faudrait qu'ils s'engageassent par serment, et sous les peines les plus graves, à ne jamais recevoir du gouvernement ni croix, ni pensions, ni places pour eux, ni, de leur vivant, pour leurs enfans. Il faudrait qu'ils ne reçussent que des récompenses honorifiques, telles que d'assister aux séances de la chambre des députés, d'occuper dans les cérémonies publiques une place distinguée.

Leur traitement, qui devrait se borner au simple remboursement de leurs frais de tournées, serait arrêté tous les ans dans le sein de la chambre des députés, après les discussions qu'aménerait le compte qu'ils rendraient de leur mission; peut-être même vaudrait-il mieux ne leur donner aucune espèce de traitement. La satisfaction de faire le bien, la faculté d'empêcher le mal, est-il de plus nobles récompenses, de récompenses plus dignes d'envie ?

Quelle honte pour ma patrie, si elle ne renfermait pas dans son sein des hommes dignes de remplir de semblables places! Il en est, n'en doutons point; mais ces hommes se montrent peu : ils n'assiégent point les palais et les antichambres des grands; il faut les chercher, et c'est une peine que rarement on se donne, que rarement on peut prendre. Mais je le répète, il est encore des hommes qui, quoique nés au dix-huitième siècle, ont pour leur patrie ce dévouement, cet amour désintéressé qui fit la gloire des anciennes républiques. J'en connais qui, officiers supérieurs, serviraient comme simples soldats. J'en connais qui, sans être militaires, ont combattu plus d'une fois pour leur pays, et qui, n'ayant presque aucune fortune, accepteraient avec joie, sans aucun traitement, la place d'inspecteur des prisons, de conservateur de la liberté individuelle. Ils vivraient de pain et d'eau, et ils trouveraient à ces mets plus de saveur que le riche égoïste à ses repas somptueux. Ils seraient vêtus de bure, et ils marcheraient la tête plus haute que cet homme en habit brodé, qui, au prix de mille bassesses, vient d'obtenir un emploi lucratif.

Beaucoup d'hommes de toutes les classes pensent sans doute ainsi. On trouve encore, Dieu merci, des ames élevées parmi les gens en place, parmi les riches, parmi les pauvres.

Les places d'inspecteurs des prisons ou de conservateurs de la liberté individuelle, comme on voudra les appeler, seraient inutiles peut-être, si l'on jouissait de la liberté illimitée de la presse ; mais ne devrait-on pas, dans tous les cas, accorder aux maires et aux membres des conseils municipaux le droit de visiter les prisons de toutes espèces qui se trouvent dans leur arrondissement,

ainsi que celui de publier, d'imprimer le
rapport de leurs visites, et de l'adresser
directement au roi et aux chambres des pairs
et des députés.

Il est certainement d'autres moyens qui
parviendraient plus efficacement au but que
je désire ; je n'y ai songé qu'un instant, et
je dis tout de suite ce que je pense, lorsqu'il
serait plus sage, certainement, de lire, de
méditer ce que d'autres ont écrit sur de semblables matières. Mais on me pardonnera
ce défaut, si mes réflexions, toutes hasardées
qu'elles peuvent être, engagent des esprits
judicieux à s'occuper du même sujet, et à
faire adopter quelques mesures conserva-
trices de la liberté individuelle.

Toutes les précautions, dira-t-on, sont
sans objet si vous avez un bon roi ; elles
sont inutiles si vous êtes gouverné par un
despote. Je ne vois point cela ; un bon roi
peut être trompé par ses agens : c'est donc
le servir, que de lui faire connaître tous
ces abus du pouvoir, qui, bien plus que la
faiblesse, sappent l'autorité légitime. Si le
gouvernement est despotique, j'avoue que
les meilleures lois seront sans force, si

elles sont instituées récemment ; mais si le tems les a consacrées, elles seront une barrière sinon suffisante, du moins toujours utile ; et c'est parce que nous avons un bon roi, que nous devons désirer de voir sous son règne de sages institutions, sauve-gardes de la liberté et du trône, commencer à prendre date pour cette antiquité qui doit un jour les rendre plus respectables.

DE L'IMPRIMERIE DE J.-L. SCHERFF,
rue du Caire, N°. 22. — Juillet 1814.